LETTRE

A M. LE VICOMTE

DE CHATEAUBRIAND.

H. AZAÏS,

A M. LE VICOMTE

DE CHATEAUBRIAND,

PAIR DE FRANCE.

A PARIS,

Chez BÉCHET, libraire, quai des Augustins, n° 57,
et chez les principaux libraires du Palais-Royal.

1818.

DE L'IMPRIMERIE DE DENUGON.

AVERTISSEMENT.

———

La Lettre que je publie aurait pu être plus étendue. Les *Remarques* de M. de Châteaubriand excitent de nombreuses et fortes observations ; mais les journaux ont déjà présenté, avec autant de vigueur que de promptitude, celles qui peuvent être exprimées en traits précis. Ils ont délaissé, faute d'espace, celles qui sont susceptibles de développement. C'est à quelques-unes de celles-ci que je me suis borné ; je ne les ai pas toutes mises en ij

œuvre ; la matière livrée par les écrits de
M. de Châteaubriand est toujours si riche,
si abondante ! Ses erreurs même ont tant
d'éclat, et reposent sur tant de sentimens !

LETTRE

A M. LE VICOMTE

DE CHATEAUBRIAND.

————

Monsieur le vicomte,

La Raison est aujourd'hui la première Puissance; chaque jour, en Europe, elle s'empare de la force : chaque jour elle devient, surtout en France, compagne du savoir, et guide du talent.

Pourquoi résistez-vous, Monsieur, aux efforts qu'elle fait à votre égard? Depuis long-temps elle cherche à vous nommer un de ses premiers organes : il fut un moment où elle crut y avoir réussi. En 1814, vous écrivîtes, sous sa dictée, *vos Réflexions politiques*; la Raison se montra satisfaite; j'oserai presque dire : elle fut glorieuse d'une si belle conquéte ; et tous ses sectateurs, tous les amis sincères de l'humanité, de la politique saine, de la Philosophie, aidaient de tous leurs vœux, de tous leurs applaudissemens, le noble triomphe que vous aimiez alors à poursuivre; un auguste suffrage, celui du Roi, vous fut solennellement donné; le Roi, en cette circonstance, comme dans toutes celles où il exprime hautement sa pensée, exprima la pensée de tous les hommes sages ; il exprima la pensée de la Raison.

Pourquoi, depuis cette époque mémorable, avez-vous abandonne une ligne si utile à votre patrie, si avantageuse à votre gloire? Placé par la justesse de votre jugement et la sagacité de votre esprit, à égale distance des extrêmes, il semblait que l'honneur et le patriotisme vous y maintiendraient avec fermeté. Pourquoi avez-vous trompé de si heureuses espérances ?

La mobilité, trop naturelle au cœur humain, vous a-t-elle retiré d'une position si honorable? Ou bien.... (Est-ce votre secret que je vais dire? Est-ce encore une révélation que je vais faire d'une des faiblesses de l'humanité?) Avez-vous opprimé vous-même vos dispositions généreuses ? Vous trouvant lié par votre nom, par celui de vos ancêtres, par vos affections, au parti des hommes qui veulent que les sociétés s'arrêtent, et n'ayant pu réussir à les éclairer, à les ramener, à leur imprimer les mouvemens de votre raison, avez-vous cru plus convenable à vos besoins d'action et de renommée, de céder à l'impulsion de ces hommes passionnés, de la dépasser même en ardeur, en véhémence, afin de rester à leur tête, afin de saisir l'autorité d'un chef de parti, et d'en diriger l'influence ?

Pardonnez, Monsieur, si je cherche avec une sorte d'anxiété l'explication de votre situation politique; vos talens sont d'un ordre si élevé, et vous aviez donné un si beau gage à la sagesse, que l'étonnement

(6)

et l'affliction des patriotes sincères ne doit
pas vous surprendre ; il leur était si doux
de vous voir au premier rang parmi leurs
guides et leurs défenseurs !

Mais les regrets des patriotes sincères ne
doivent pas leur imposer le respect de vos
erreurs actuelles ; seulement, ils ne doivent
vous combattre qu'avec ce calme de la force
que vous montriez vous-même, lorsque vous
parliez au nom de la patrie, du siècle et de
la raison.

Entrons en matière, et abordons avec
franchise les principaux sujets de vos *réclamations.*

« On n'a peut-être pas encore tout-à-fait
oublié la *Monarchie selon la Charte.*
Quel que soit, ajoutez-vous, le jugement
qu'on ait porté de cet écrit, on conviendra
du moins que je me suis peu écarté de la
vérité. Qu'on veuille bien jeter les yeux sur
les chapitres 76, 77, 78, 79, 80, 81, 82,
83, 84, et l'on verra que j'ai calculé les
choses avec une précision effrayante. Les

injures, les déclamations, les libelles ne dé-
truisent point les faits; j'ai dit qu'on chas-
serait les royalistes de toutes les places;
qu'après avoir *épuré* le civil, on cherche-
rait à *épurer* l'armée; tout cela est arrivé,
et si ponctuellement, que ce n'est pas moi
qui semble avoir prévu l'événement, mais
les auteurs du *système*, qui paraissent
avoir pris à tâche de suivre la route que
j'avais tracée. »

Cet écrit, Monsieur, que l'on n'avait
point oublié, car tel est le privilége du
talent, rien de ce qu'il a produit ne s'efface,
cet écrit, *la Monarchie selon la Charte*,
où vous faisiez des prédictions si extraordi-
naires, ne fut-il pas le premier signal de la
position que vous vouliez prendre? Dans
tous les siècles, chez tous les peuples, lorsqu'un homme, doué par la nature de fa-
cultés très-remarquables, a voulu attacher
à sa cause personnelle un grand nombre
d'hommes, qui déjà avaient ensemble, et
avec lui, certains rapports de situation, il
leur a fait entendre des cris d'alarmes;

il leur a annoncé qu'ils étaient tous des vic-
times désignées; il les a excités à prévenir
leur infortune générale et entière; et il s'est
ainsi montré lui-même, lui si énergique et
si prévoyant, comme l'indicateur des pré-
cautions qu'il fallait prendre, et des mouvemens qu'il fallait opérer.

Ainsi, Monsieur, dès cette époque, vous
preniez un engagement bien téméraire avec
l'avenir et les événemens.

Ceux-ci maintenant s'appuient contre
vous de la notoriété publique; et vous êtes
obligé de leur répondre: vains efforts, chi-
mérique évidence! J'avais prévu que *les
royalistes seraient chassés de toutes les
places:* le prévoir c'était le promettre: c'é-
tait *tracer la route aux auteurs du système; ils l'ont suivie ponctuellement;
tout ce que j'ai dit est arrivé.*

Monsieur, votre caractère a de la cons-
tance; et vous paraissez avoir bien résolu
de contredire les faits; ainsi, ce n'est point
pour vous qu'il faut les établir; mais, tels
qu'ils sont, je crois qu'il peut être utile de

les reconnaître et de les expliquer, la lettre que j'ai l'honneur de vous écrire pouvant être lue, non-seulement de vous, mais de quelques personnes impartiales et judicieuses.

Les hommes que vous désignez sous le titre de Royalistes, c'est-à-dire (car il faut prendre d'abord ce mot dans votre sens, nous lui donnerons bientôt sa définition réelle), les hommes qui, par leurs opinions présumées, et leurs relations, ou leurs fonctions antécédentes, appartiennent à la classe des adversaires naturels de la Révolution, sont en plus grand nombre, dans toutes les administrations civiles et militaires, que les hommes naturellement attachés à la Révolution par leur naissance, leur histoire et leur fortune ; voilà ce qui est positif et attesté ; et ce fait est, pour les plébéiens, un grand sujet de plainte ; aucun cependant ne va aussi loin que vous ; aucun ne dit : *les hommes naturellement dévoués à la cause de la révolution sont repoussés de toutes les places ;* si je connaissais un seul Français qui prononçât une telle exagération, je vous l'opposerais avec empressement ; vous formeriez ensemble un exemple très - remarquable des compensations humaines ; mais ce balancement n'existe pas ; votre excès se trouve sans contrepoids ; vous êtes seul à l'une des extrémités de la ligne ; quelques hommes seulement, parmi les mécontens injustes, s'approchent de l'autre extrémité ; les hommes justes se bornent à reconnaître le Fait que j'ai déjà exposé : qu'il y a plus d'anciens nobles que de plébéiens dans les hautes places de l'administration et de l'armée ; c'est, en ce moment, à ces hommes justes que je m'adresse.

Et en premier lieu, sous le gouvernement de Napoléon, un assez grand nombre de titulaires de noms antiques étaient entrés dans toutes les carrières, principalement dans celle de l'administration civile ; la plupart s'y étaient distingués par leurs talens et leur zèle ; le Roi ne devait pas leur retirer sa confiance ; pendant son exil, ils l'avaient servi, puisqu'ils avaient servi l'Etat.

En second lieu, je rappellerai aux hommes justes ce que j'ai dit dans un ouvrage récemment publié (*Réflexions sur la Note secrète*). Depuis vingt-neuf ans, la France est en Europe le principal théâtre d'une lutte mutuelle entre l'ordre nouveau et l'ordre ancien, ces deux ordres s'arrachant alternativement la prépondérance. Quoique le Roi, par son caractère, ses intentions, ses lumières, soit éminemment du petit nombre de ces hommes sages qui unissent tous les temps dans leur pensée, et protégent dans leur cœur tous les droits, cependant, comme le rétablissement de son autorité s'est fait pendant une période favorable à l'ordre ancien, il n'a pas été le maître de ne pas céder, jusques à un certain point, à l'influence de cette période. Le mouvement s'effectuait, en ce moment, vers le côté antique ; il fallait bien s'y abandonner. Les Rois citoyens, les Rois vraiment habiles, règlent et modèrent le mouvement social; mais ils n'entreprennent pas de le combattre : ils savent que cet effort téméraire est la seule cause des secousses et des catastrophes. »

Dès son retour, et principalement en 1815, le Roi fut donc obligé d'agir un peu plus dans le sens du passé que dans celui de l'avenir; condition pénible, sans doute, qui coûtait à sa raison et à sa justice, mais condition nécessaire, que le temps seul devait affaiblir.

Ajoutons maintenant que le Roi, reprenant la couronne de France à la suite d'affreux désastres, trouvant l'État en ruines et les finances délabrées, n'eut que très-peu de moyens de secourir immédiatement les hommes qui rentraient avec lui et avaient partagé son exil : la plupart de ces hommes avaient perdu leur ancienne fortune; le Roi, qui ne pouvait point la leur rendre, ne pouvait pas non plus les laisser dans le dénuement; ils venaient de se dévouer à sa défense, et, à son retour, ils avaient formé son cortége. Lorsque des places étaient vacantes, il était naturel que le Roi les y appelât avec quelque préférence.

A cette époque, Monsieur, ceux que vous nommez exclusivement royalistes, étaient satisfaits; ils aimaient le Roi; ils rendaient hautement justice à son gouvernement. Pourquoi leur justice a-t-elle cessé? Parce que, dès le principe, ils manquèrent de générosité, de modération et de prévoyance. De ce que le Roi s'était tourné vers eux un peu plus que vers les plébéiens, ils avaient conclu que, chaque jour, les faveurs du Gouvernement devaient tomber sur eux avec plus d'abondance, et que le Roi devait placer en première ligne, en ligne exclusive, leurs droits et leurs désirs. Telle est, dans les temps d'agitation, la pente rapide des hommes réunis par des intérêts communs, et que d'autres hommes, réunis par d'autres intérêts, placent dans une situation hostile : ils ne s'arrêtent point dans leur exigence.

Mais le Roi était le Père de tout son

peuple, et, comme je l'ai dit, son esprit étendu embrassait tous les temps de la France, tous les intérêts, toutes les opinions; il savait que les droits de l'avenir, les droits de l'égalité, les droits populaires n'avaient pu être que passagèrement suspendus par les circonstances les plus impétueuses, et que cette suspension même allait leur rendre une violence bien funeste, s'il ne s'en montrait franchement le protecteur et l'appui.

Un acte énergique se trouva ainsi nécessaire pour signaler l'impartialité du Roi : l'ordonnance du 5 septembre prononça la direction du mouvement social en faveur des droits populaires. Ce fut alors que, d'une part, l'ordre ancien, brusquement arrêté dans son envahissement général, poussa des cris..... qui se prolongent encore; mais ce fut alors aussi que l'ordre nouveau, s'apprêtant à user de toute sa puissance, et à écraser subitement tout l'ordre ancien, fut contenu par le Modé-

rateur suprême. Cette sagesse, cette force,
ce calme, seront d'un grand spectacle pour
la postérité.

Maintenant, Monsieur, quelle est la situation respective de l'ordre ancien et de
l'ordre nouveau? A quel degré le Roi a-t-il
déjà conduit son œuvre généreuse, conci-
liante, difficile? Le voici, ce me semble.
L'ordre nouveau est paisiblement en mouvement d'extension et d'affermissement ;
l'ordre ancien est en mouvement de re-
traite.... un peu moins paisiblement, sans
doute ; vos réclamations le témoignent ;
mais la nécessité le domine, l'entraîne ; il
cède, il s'affaiblit ; il le sent ; et ne soyons
pas étonnés de son inquiétude, de ses regrets. Ajoutons, d'ailleurs, que s'il en por-
tait trop loin l'expression, s'il avouait trop
haut vos ressentimens et vos plaintes, il
tomberait trop fortement dans l'injustice ;
car, ce que l'on pourrait appeler le personnel de l'ordre ancien et le personnel de
l'ordre nouveau, ne sont point encore en

équilibre. Nous l'avons dit : il y a encore, dans toutes les administrations, moins de noms nouveaux que de noms anciens. La raison en est que la permanence des intérêts personnels est toujours plus opiniâtre que celle des institutions, et qu'un gouvernement sage, un gouvernement paternel, ménage bien plus délicatement les besoins d'individus, les besoins de famille, que les pensées abstraites. Pour que le Roi dépossède le titulaire d'une fonction quelconque, il faut que celui-ci se soit rendu manifestement coupable par des actes positifs ; ses opinions antécédentes, ses opinions actuelles même, lorsqu'elles sont contraires à la pacification générale, ne sont point un tort suffisant. Mais le Roi met tous ses soins à faire entrer tous les Français, sans distinction d'opinions et de classes, dans le mouvement utile, dans le mouvement du siècle, dans le mouvement national. Pour cela, d'abord, il présente son auguste exemple. Le Roi est éminemment libéral et populaire, car il est franchement et profondément constitutionnel. Les droits de tous, voilà ses devoirs; ils sont sans cesse présens à sa pensée; les vœux de l'infortune, voilà ses affections; elles remplissent constamment son cœur; insensiblement sa pensée et ses affections se propagent; lorsqu'elles se seront établies jusque dans l'âme des Français qui furent les partisans les plus passionnés de l'ordre ancien, et de ceux qui furent les provocateurs les plus ardens de l'ordre nouveau, alors l'œuvre royale sera terminée; l'harmonie sociale sera rétablie; la révolution sera consommée; il n'y aura plus ni ordre ancien, ni ordre nouveau; il n'y aura plus qu'un Peuple, une Constitution et un Monarque.

Voilà, Monsieur, le but généreux auquel le Roi aspire, mais qu'il ne précipite pas afin d'être plus sûr de l'obtenir.

Et c'est en cela seulement que l'esprit de son gouvernement diffère de celui qui lui serait imprimé par des hommes très-éclairés, fortement pénétrés de l'importance et de la grandeur des droits popu-

laires, mais trop pressés du besoin de leur
donner pleine et entière victoire. Parmi
les hommes que vous nommez *indépen-
dans*, il est sans doute quelques séditieux,
peut-être aussi quelques sauvages; mais la
plupart sont essentiellement Monarchistes;
car ils veulent essentiellement, franchement, la Monarchie, telle qu'elle est défi-
nie par la Constitution; seulement ils
portent, dans leurs vues monarchiques,
l'impatience de leur caractère; ils deman-
dent que toute la Constitution entre subitement en exercice; qu'elle foule toutes
les résistances; que toutes ses formes
soient, dès aujourd'hui, précises, tran-
chantes; qu'elle marche, comme la fata-
lité, sans cœur et sans pitié.

Les Monarchistes prudens, les royalistes sages, veulent, à l'exemple du Roi,
que la Constitution, semblable à une Di-
vinité bienfaisante, soit précédée de la
bonté et de l'indulgence; ils désirent que
les voies soient préparées à son char auguste, non par la violence qui renverse,

mais par le temps qui apaise, l'habileté qui écarte, et la patience qui adoucit.

Tels sont, Monsieur, les vrais royalistes, les royalistes selon le cœur, les opinions, les intentions du Roi, et selon l'esprit de la Monarchie légale et constitutionnelle; celle-ci, par son titre même, ne peut jamais être qu'un Gouvernement d'harmonie et de conciliation.

Mais, pour accorder le titre de royaliste, vous paraissez exiger encore bien des conditions : je vais examiner celle à laquelle vous attachez justement beaucoup d'importance. Ici, Monsieur, je parlerai encore avec toute ma bonne foi; je désire que, pour m'écouter, vous vous fassiez un devoir de toute la vôtre.

« La doctrine secrète des ennemis de la » légitimité, dites-vous, est celle-ci : une » Révolution de la nature de la nôtre, ne » finit que par un changement de dy- » nastie. »

Afin, Monsieur, que je puisse comprendre ce que vous entendez par les ennemis de la légitimité, permettez-moi de vous demander d'abord si vous avez bien défini la légitimité en elle-même, si vous avez bien arrêté vos pensées sur ce que doit être la légitimité dans une Monarchie constitutionnelle? Avez-vous bien distingué les temps et les institutions? Avez-vous reconnu d'avance, par l'étude et la réflexion, que les idées majeures et essentielles sont précisément celles que la marche des sociétés et le progrès des choses modifient le plus profondément?

Chez un Peuple soumis au pouvoir absolu, il est très-convenable que l'idée de la Royauté soit un dogme revêtu d'une puissance sacramentelle. Obéir sur-le-champ et sans discussion, tel est le devoir du sujet. Rien n'est plus heureux, pour cet homme passif, que de reconnaître, dans le Directeur suprême de ses propres volontés, un Être de nature extra-humaine; et toute la famille de cet Être surnaturel,

(21)

tous ses descendans , doivent participer à son apanage.

Mais chez un Peuple libre , chez un Peuple régi par un gouvernement légal et constitutionnel, chez un Peuple que le Souverain estime et consulte, le pouvoir suprême n'a plus le même caractère; l'idée qui le représente, dans l'âme de ses sujets, n'est plus un dogme commandé , mais une maxime nationale , rendue sacrée par le besoin de la patrie, et le consentement de tous.

Il suit de là que , dans les Monarchies constitutionnelles , il faut, entre le Roi et les sujets , un lien particulier qui n'est pas nécessaire dans les Monarchies absolues ; ce lien est la confiance. Si ce lien se dissout, la Monarchie est aussitôt sur le bord d'un abîme; des tempêtes vont l'y précipiter.

Or, sur quoi repose la confiance entre les hommes ? sur la communauté d'affections, d'intérêts et de pensées. Le Roi de France possède la confiance nationale,

parce que toute sa conduite politique, et
le choix des hommes qui l'entourent, dé-
montrent avec évidence qu'il est, par
conviction et inclination personnelles, le
protecteur sincère des pensées nationales,
des affections nationales, et des intérêts de
tous.

Les Princes qui composent son auguste
famille, ne peuvent, comme le Roi, que
s'être associés au progrès général des droits
et des idées; lequel d'entre eux aurait pu
rester en arrière, près d'un si noble exemple, et après vingt-cinq ans de réflexions
et de malheur? Aussi quelles furent les
premières paroles de Monsieur, en rentrant
sur le sol de la France? *rien n'est changé,*
dit-il avec sentiment et noblesse; *il n'y a
parmi vous qu'un Français de plus.*

Et l'année dernière, son Fils, parcourant
nos provinces, que faisait-il entendre?
Quelles exhortations adressait-il aux hommes de tous les partis : l'union des cœurs,
l'oubli des fautes! Quels principes politiques étaient signalés par ses discours et sa

conduite? Ceux du Roi, ceux du Peuple Français, ceux de la monarchie constitutionnelle. Aussi, tous les Royalistes constitutionnels s'affermirent avec joie et franchise dans la maxime sacrée et nationale, dans la maxime de l'hérédité.

Telle est, Monsieur, la doctrine sociale des Royalistes constitutionnels ; vous voyez qu'elle n'est ni hostile, ni insidieuse. J'ajouterai cependant que les plus sages, les plus judicieux, ont réellement une pensée secrète, et la voici ; vous m'entraînez à la dévoiler. Lorsqu'ils considèrent l'état de la France et l'état de l'Europe ; lorsqu'ils réfléchissent fortement sur les dispositions sociales et les relations respectives qui sont nées, en Europe et en France, des derniers événemens ; lorsqu'ils se permettent ensuite de parcourir en eux-mêmes le champ éventuel des possibilités et des hypothèses, ils ne voient que déchiremens, guerres affreuses , calamités nouvelles et interminables, si la maison de Bourbon cessait de régner.

Ainsi, les sentimens des Royalistes constitutionnels se fortifient de leur prévoyance.

Revenez donc, Monsieur, de vos accusations. En supposant une défiance qui n'existe pas, un homme de votre talent, de votre ascendant, de votre influence, pourrait la rendre moins impossible ; et quels ne seraient point alors vos regrets ? Si les Princes Français partageaient vos pensées, ils cesseraient d'aimer, d'honorer la majorité du Peuple qu'ils sont appelés à conduire ; quel malheur flétrissant, quel malheur profond, et pour le Peuple et pour les Princes Français !

On affecte, dites-vous, de craindre leur ambition ! Et quelle ambition voulez-vous qu'on leur attribue ? est-il une position plus élevée, une destinée plus haute que celle qui leur est assurée par leurs droits naturels ?

Non, Monsieur, le peuple Français ne forme plus de craintes ; il n'en a plus un seul motif. La marche politique des Rois de France est désormais tracée, fixée ; aucun ne pourra, ne voudra répudier le noble héritage de vertus, de lumières, de patriotisme, de vraie et forte puissance qui leur sera transmis par Louis XVIII. Ce sage Prince imposera à ses successeurs la loi de son exemple ; et nous laisserons à nos enfans l'exemple de notre amour.

www.ingramcontent.com/pod-product-compliance
Lightning Source LLC
LaVergne TN
LVHW050328030726
842520LV00005B/1820